SV

Lutz Seiler

schrift für blinde riesen

Gedichte

Suhrkamp

Erste Auflage 2021
© Suhrkamp Verlag Berlin 2021
Alle Rechte vorbehalten, insbesondere das der Übersetzung,
des öffentlichen Vortrags sowie der Übertragung durch Rundfunk
und Fernsehen, auch einzelner Teile.
Kein Teil des Werkes darf in irgendeiner Form (durch Fotografie,
Mikrofilm oder andere Verfahren) ohne schriftliche Genehmigung
des Verlages reproduziert oder unter Verwendung elektronischer
Systeme verarbeitet, vervielfältigt oder verbreitet werden.
Druck: GGP Media GmbH, Pößneck
Printed in Germany
ISBN 978-3-518-43000-2

schrift für blinde riesen

für Charlotta

morgenrot & knochenaufgänge

stunde null im habitat. der sogenannte affenmensch
sitzt in der savanne & kann
nichts sehen – das gras

ist zu hoch. dann das knacken, hörbar
in den kapseln, ein druck, ein griff
nach der geschichte: daumen & zeigefinger

kommen zusammen, die
schreibhand entsteht. zehntausend jahre
vor dem aufrechten gang

ich hab dem vogel stimmen nachgesagt

ich hab dem vogel stimmen nachgesagt

ich hab dem vogel stimmen nachgesagt
in sprachen, die es kaum noch gab.
ich hab dem knochenausschuss vorgetanzt
ich hatte keinen blassen.

ich war ein maurer, nicht zum spaß
(»ein guter estrich sandet nicht«) & so
misslang mir auch das.

ich übte das köderköcheln im dunkel –
die grundredensarten, die sprachgliedmaßen, ich
las. so wurde ich besser, so wurde ich blass; ich war

ein insekt, der droste nahestehend, ja: »ich hab
auch die vokale hier ins feld
geführt, viel edler rüdiger«, ich war

ein held voll aventure, »doch
nun sagt an, herr lutz, für wen?« »für dich, allein
für dich, mein unersättliches poem«

waldstadion traktor langenberg

seit dem sturz trag ich das mal
der aschenbahn in meiner hand, ich

nannte es: den schlangenbiss.
jeder wusste, woher, aus
welcher grube diese schwärze
kam & lange wusch ich die wunde
im bach. ich spürte die kühle
der schatten im nacken:
die eichen, der hausberg, das waldstadion –
ich spielte bei den »knaben« (später »schüler«
»jugend« »junioren«), ich war
verteidigung, dann mittelfeld, kein
linksfuß, aber immer links, ich spielte

mit uran im urin & zerschlagenen knien
auf dem schlackeplatz unserer lieder

kindheit & weiter

unten die anstalt ... in
den schächten das licht, die hände
lagen auf dem tisch, es fehlte
das gebet. das gebet war verloren
gegangen über die felder, das akkordeon war
verloren gegangen, äste brachen
ab & man stürzte (das akkordeon im aschekübel)

von bäumen herunter ohne
gebet; man lag im krankenhaus von gera (es war
noch das alte bezirkskrankenhaus), lange
flure, hohes gewölbe, man weinte, erwachte, litt
man sah ja die häuser, wie sie vorüber
flogen, das waren fassaden
ohne gebet & die eltern
in lochkarten begriffen, jedes haus eine schöne maschine, o
oder 1, ohne gebet ...

ich musste genesen.
ich sammelte dinge, als hätten sie inne
das gebet; es war nur verstummt, in ihnen verstummt, es
hob manchmal an & verstummte, hob an
& verstummte

WAS in der luft liegt, wird leise
beiseite gesprochen. der regen
füllt die stimmen auf

& ordnet die reste im graben:
ein schuhabsatz, ein fingernagel.
banderolen an den stämmen heißt
wo jetzt zu roden ist.

so kehrtest du nach haus zurück
in die langsam
langsam atmenden schatten der bäume

in schreibschrift geschrieben

weil kiefern sind wie zum erinnern
dachtest du an HEIKO, deinen kolbenfüller
aus dem schmiergerätewerk:
aufstrich, abstrich, kleiner bogen
großer bogen, in tinte ertrunken
& immer das löschblatt gerade verschwunden …

einmal hat dein vater dir
aus düsseldorf geschrieben & einmal
sogar aus wien, einundsiebzig:
ein pferd, ein fiaker in farbe, »das ist vom vati!«
hat deine mutter gerufen, die karte
steckte noch jahre im flur
hinter der garderobe (man sagte *gohrdruhbe*)

im luftreich fallen die fußspuren ab. mit jedem
schritt durch diese weiten … auch du
bist angekommen in der schrift, du schreibst
& hast es nie erreicht. & was erreicht?

das kiefernlicht.
erst weiß, dann gold, am ende blut
in ihren spitzen, so
dreht der tag auf rinde seine runden … du
möchtest jetzt am holzplatz bleiben (ungeplant), du denkst
an füllfederstunden –

das war der knochenpark, sagt a.

gleich nach der schule, eigentlich
an jedem stillen nachmittag
waren wir im knochenpark. klee
& sauerampfer kauten wir, ein
meinungsdeutsch der luft & saugten

lang am mark der süßen spitzen. ich
hatte noch nicht aufgeraucht
& küsste c. – es war schon spät.
alle pflanzen schlossen sich
& verdauten ihre seelen, nachts

im knochenpark. nur wir, die jüngsten
raucher zogen tiefer, holten luft & bliesen
bis die liebe kam. früher lagen

hier die gräber, nur die knochen
sind noch da. nachts
mitten im knochenpark stand rauch
im lot wie stiller liebespfeil
über den köpfen.

bis die tiere starben, fraßen sie

bis die tiere starben, fraßen sie
von innen die berge.
seitlich durch die plane sah
ich die schimmernden gleise.

häuser mit licht, biegsame bäume
& menschen standen still
am bahnsteig, mit den füßen
festgeklebt: warten, warten

warten auf weihnachten! einer, der
mir immer fremd geblieben, winkte.
sein kleines weißes plaste-taschentuch –
wie schön & rätselhaft: die plaste

im wind, den wir uns, wie alles
vorstellen mussten. in wirklichkeit gab es ja
die menschen schon lange nicht mehr
die mit taschentüchern abschied nahmen, ach

weihnachten! wenn die züge wieder rollten …
& im winken inbegriffen: tote maus
& tote-maus-geruch

Elke Erb gewidmet

herr klotz

spätnachmittags, wenn ich das haus verlasse
spür ich die wurzeln in den knien.
leuchtstoffe & atembögen in der luft –
langsam fließt das denken ab, langsam
aber sicher geht
das knirschen der schritte im schnee.

»langsam, aber sicher« war das lieblingswort
unseres lehrers in astronomie. sein name
war klotz, herr klotz. ihm
wuchsen die haare wie kleine

bohrer aus den ohren, ein
spiralen-phänomen, das jedes weltall-wissen
in den schatten stellte

prometheus als kind

wie schimmerte das igelit
am tisch, wenn träumend
eine knabenhand darüber strich?

schon beim frühstück
(blaues thermos, muckefuck, mehrfruchtmarmelade)
lauschte ich den rechenzentren. von dort, von lochkarte
zu lochkarte gesprochen, summte leise das gebot: »vergiss
    nicht den ofen, die konzentration
    vermeide leichtsinnsfehler, vergiss
    nicht die glut, wenn sie noch gelb
    oder gelbfarben ist, vergiss
    die asche nicht, lutz, vergiss das feuer
    nicht, den aschekübel, vergiss nicht
    die ganz lieben grüße & auch
    nicht den erfolgreichen tag!«

dazu das radio, bayern 3, *in the ghetto*
& zwei brötchenhälften, vorgeschmiert
bis ich weinen musste

technisches museum in berlin

steckenpferde mit handkurbelantrieb, ferrari
    von giordani, der
nachwuchs stand am motodrom ... ich ging

durch flure, blind, zuerst nur im vorüberziehn
berührte ich ein kartenbild aus pappmaché
mit meinen fingerspitzen – helles

& dann dunkles grün & dann
die schwellen sanfter hügel. im
norden stockte wasser, flacher

schlapper anschlag, schmaler hafen &
der himmel angetrocknet. abgeschlagen
lag das meer in jener bucht, ein

landstrich wie am rand der welt, von dem
du stürzen konntest, das
hieß *flucht*. im süden

wehte es aus vorgebirgen, föhn
aus überdüngten pflanzen & frisuren, stürme
aus des halstuchs stummen

eingezurrten wellenschlag:
großer maßstab, schwache zeichen & das pfeifen
der legenden. aber jetzt

war ich der handvermesser
mit dem finger auf der rauen
küste aus papier, zärtlich

rund um rügen, usedom & hiddensee, war ich
papa, papa
wo steckst du nur?

ich war – ich war –
ein kleines land. beim kartenbild, im nebenflur

im kieferngewölbe

»Ich betrete die wichtige Totholzfabrik.«
Francis Ponge, *Das Notizbuch vom Kiefernwald*

hubertusweg

nachts wünschte ich mir noch einmal die augen
zu kühlen am offenen fenster & nichts
als den mondkalk im gras zu betrachten

ich wünschte das weiße mondkalte gras
& die kobaltblauen tiere die
an wetterfesten lichterketten
in nachbars garten hausen – ich

wünschte sphären meeresrauschen
aus der heizung um halb drei so leiser
schiffsgesang als wären

am waldrand matrosen begraben. nichts
tröstlicher als das: statt schlafen
am fenster mit todmüden augen
noch einmal ins finstre zu lauschen

mann in der mark

du wolltest nur schritte, schweigen, doch das
war die mark. wo lichtflecken zart
durchs waldgras streichen
die scheinschwangerschaften des monds ansteigen …
wo schiffe verrosten & ihre gezeiten
liegt die mark. die mark
an diesem ufer, diesem wald
aus sechsuhrabendlicht, der das gedicht
erfindet, voller masten, stolz, die leuchten, takelage &
ihr leises schlagen & reiben im wind, der oben geht & unten

du. dort tauchst du ab. das ist dein ort, dort bist du tiefer
noch verkrochen, eingesunken, ach
in diesem fell aus laub zu schlurfen, abzusacken
im geflüster der moränen, raschelwort & knisterwort
eiszeitwort der eiszeitrinne
abgeschmolznes wort: dort-mund, dort-mann, es ist
schon nacht. bedenke das gehen
mit schritten, die biegsame schwere im schilf, hier
hast du witterung gehabt, die töne, stimmen
  im wasser die schwarzen
augen des rené maria von trotha … … die

sich niemals schließen … so lauschst du dem tiefen
atemholen an den glockentrossen, so geht
das geschepper, geschirr im geräusch
der unsichtbaren: so kommst du
voran. & mit den glocken schlagen
auch die hunde an. ihr hecheln
zum mond, ihr rosa gebiss, ihr geheul
aus stinkender kehle …

so singen die wölfe der mark, erst einer, dann alle, auch das
ist die mark. ist wie
dem heiligen die hand auflegen, warm & zart –
schreiben, als hätte
es nichts zu bedeuten

Lothar Müller gewidmet

der waldgang

ich steh & spür
die fein-verwurzelung der augen hier
am rostboden der lichtung

der walden-wald ist abgerauscht
wie epiliergeräusch auf trockner haut –
etwas, das wir einmal waren, wispern
krumen, klagen
      oben in der takelage

weißt du noch? als die masten knisternd
aus den nähten platzten samen
worte uns wie worte rührten *bitte bleib* –
      wir sind

die letzten tiere hier
am grund. hörst du meine stimme noch
im tonbanddunkel? von sätzen, die gelingen
hängen schatten-floskeln an den dingen

& halten eine ewigkeit – *herrgott*
      nochmalnunmach
dass wir endlich wieder schwestern, brüder
kiefern sind hier unten, unter deinem dach

als unser sprechen einmal diese frage

als unser sprechen einmal diese frage nahm
wo mein eignes schmales erdreich ankern kann …
& deine antwort war, vertrau

dem stumpfen, abgeschabten
porzellan im schrank, das leis
schon zittert, laut gibt, wenn du lauschst & lockt
mit rissen, die wie skizzen sind von wegen, trau

den totgeschossnen lampen draußen, die
an brückenpfeilern still verrotten unter gleisen
die verrostet sind – & schau:

welch wabe warmer finsternis hat dort für dich
schon festgemacht, da ist
ein tiefes atemholen für die nacht & gute
feste schwere in gedanken – als

unser sprechen einmal diese wendung nahm
war alles, was zu ende ging
auf meiner seite

eintrag vierter februar

heute das morgengrau gesehen
überm wald.
blick aus dem fenster nach hinten
dingehinner
wie meine großmutter es sagte
& mein großvater auch & alle anderen aus dieser zeit –
dingenaus, dingenauf, dingehinner ... grau

stand der morgen überm wald, es war
das gute alte morgengrau
gewesen; beim kleben
des homer (die »ilias«, übersetzt von johann heinrich voß
leipzig, reclam, ohne jahr) fiel etwas sand
aus der bindung auf den tisch; ich hatte
vorher schon barthelme repariert (»am ende
des mechanischen zeitalters«, leipzig 1989) &
den buchrücken vom »insel-almanach 1913«
(geschenk von peter w.)
sorgsam wieder angesetzt – das hatte ich

seit jahren nicht, so dachte ich:
flickstunde in der bibliothek, der leimgeruch, wie
rinde meiner arbeit angenehme krusten
auf den fingerkuppen &
das bisschen sand auf meinem tisch – da hab
ich *dingenauf* geschaut, ich hab
das morgengrau gesehn, von mir aus *dingehinner* &
plötzlich wohnte dort
der schönste vierte februar in diesem leben

im kieferngewölbe

ein paar irokesen sind immer dabei
mit ihrem irokesen-schnitt. ihr blut
ist blass, ist grind, verstummt, das sind
die götzen, die mir milde geben.

dort die götzen & hier ich
in ihrer mitte. am abend in ihren
gesten zu lesen, zu lauschen
    wie im traum: wer will
darf kostproben des unglücks geben
in der eigenen stimme – das ist

nur hier erlaubt, zweihundert meter
hinter dem haus, im kiefernnadelregen. wir flüstern uns zu
    wir reden & reden
bis das raunzen im schädel beginnt, dies
letzte wagnis, kupfern erst & dann rubin *sei du*
gesang, sei du das leuchten

aus den bäumen, die verloren sind

heimwärts, im regen

heimwärts, im stummfilm, im regen
der nicht enden wollte & alles
unverständlich machte ...

heimwärts im regen, der rauschte, der raue
mengen seelisches aufnahm
& die rettungskommandos ertränkte ... das wasser

hatte die erde gewaschen, der kies
war schrift für blinde riesen in der finsternis, ein jeder schritt
ging jetzt von anfang an, die fremde

begann auf der eigenen einfahrt, an
den kiefern vorüber zur garage, wo
die werkzeuge lagen, glänzend & kühl ... ich

musste nur den kopf kurz senken: bis
zu diesem punkt war alles fehlgeschlagen. so
nahm ich sie zur hand, die glänzend-kühlen, zögernd halb

& halb vertraut wie liebende von früher her
ein letztes mal zusammenkamen; im rücken das rauschen
die flut

müssen wir riesen verhungern?

müssen wir riesen verhungern?
wie sagten wir einmal
wer wir sind, was haben
wir uns selbst hinterlassen?

den badeofen, ja. im gewölbe
die elektrische pumpe &
das kofferradio: vorn
mit der goldenen blende & hinten
eine klappe ins innerste der welt –

etwas zu klein für riesen, hat
unser vater immer gesagt. wir
glaubten den dingen. zum beispiel
wenn man ein zimmer betrat
& sie überraschte, mitten im wort.

was ist noch lesbar? anfangs
dachten wir auch die gedichte
kämen direkt aus dem meer. sie schienen
einer warmen schulter wie entlehnt &
ihr gesicht von regen rein gewaschen …

müssen wir uns sorgen machen?
die schrift ist noch warm
an den fingerspitzen. da ist auch die chaussee
der klee im gras, so kostbar, das staubtuch, das
aufs fensterblech schlägt, das morsen im hof
an langen sonntagvormittagen … oder draußen

auf dem feldweg, die von alt-
langerwischer pferden aus
dem eis gestanzten hufe pressten
wir kinder wie amulette an die brust & trugen
sie nach haus (als es *ein haus* noch gab)
(& durchnässte mäntel am ofen) – all

die dinge, hatten sie nicht
noch etwas mit uns vor?

weidengeruch & wolkenaustrieb: wie gold
aus stroh, so fuhrn die alten riesen
ihre ernte ein: von großenstein
bis nach saarmund luden sie das fuder
banden sie die garben & brachten
die verse ans licht: jeder riese wollte gern singen
oder nein: wollte einmal seinem land
fest in die flanken greifen
& es pressen ins gesicht –

nun wissen wir schon lange: auch
elefanten gibt es, die an herpes sterben. wer
nimmt uns einmal zurück? wir haben
schon länger den blick
blinder riesen, das lachen ins nichts
mit erhobenem kinn, dorthin
wo die welt vermutet werden könnte ...

am abend schlägt das suchholz an. ach
wie uns der wald den kopf verdreht!
auf die lichtung gerufene schiffe
& wir im gefasel der fische ...
»das sind nur geräusche«, ja-ja.

sollten wir nicht als genesende gelten?
einfach nur riesen.
die immer noch gern
an den steineichen stehn
in der nähe des hafens, nur so

Günter Bruno Fuchs gewidmet

drüben stehen die robinien

drüben stehen die robinien, meine freunde
& haben zu tun.
während ich am tisch so still bin wie ein ding
versuchen sie alles: schnelles wachstum, rinde
blütenschnee.

ein leben, das heißt siebzig
oder achtzig liter tränen
einhunderttausend träume (circa) & zwanzig
millionen wimpernschläge.
etwa tausendsiebenhundert menschen
gibt es, die wir kannten – manche (freilich)
müssen gehen, wie man sagt & manche

bleiben noch eine weile.
o robinienblütenschnee! es schneit
& schneit & liegt hier überall
im gras & auf den fensterbänken.
unauffindbar sind die toten.

in den fellen der vögel
hocken sie dort, auf einem ast
& schweigen mich an.
als hätte es sie nie gegeben.

sagagatan

»Achte auf die Nebenlabyrinthe!«
Tomas Tranströmer, *Straßen in Shanghai*

solna, sagagatan

letzte nacht sind die lampen
im fenster gewachsen, dritter
stock rechts gegenüber.
etwas hat sie groß gemacht
während wir schliefen, etwas

hat sie wachsen lassen über nacht
im fenster, auf das
unser blick fällt jeden abend
vor dem schlafen.
vermutlich die trauer

signalstation arholma

es gab: einen waschtisch, eine flasche &
eine gasmaske an der wand mit ihren großen
hilflosen augen. es gab
zwei männer, die sich ohne unterlass
zum fenster beugten. auf dem feldbett
lag eine zeitung mit
der zeile »hitler fast tot!«

reglos, mit halb geöffneten lippen
beobachteten die männer das meer. jeder
hatte sein fach, seinen stahlhelm &
eine waffe. auf dem tisch lag das endlose buch
über die wellen, das wetter & die namen der schiffe.

draußen wurde es abend.
die steine glänzten knapp unter dem
meeresspiegel & wanderten langsam
murmelnd vorbei. die männer hielten still & ich
stand noch lange bei ihnen am gatter. die
menschen, dachte ich

sind noch immer sehr selten hier draußen. jeder
besitzt eine waffe, eine karte & einen großvater aus
derselben einsamen gegend. oft gibt es
nebel & dann heißt es lauschen, lauschen &
leise lektüre: »natten är här« (»die nacht ist hier«) oder
»här har du ditt liv« (»hier hast du dein leben«)

schaltstation arholma. die schiffe kommen, geben
zeichen & ziehen vorbei: alles verlangt

nach seiner geschichte. man hat einen waschtisch, man hat
die maske an der wand mit den augen & sogar
die leuchtenden signale. man
hat im grunde alle zeichen, dazu die zeitung
mit der zeile »hitler fast tot«. man beugt sich
zum fenster & schaut lange, einfach lange
so hinaus

abel, babel & cabel

einsinken, anflüstern … das
neue objekt hatte laternen
am appellplatz stehn & von karbid
ergrautes licht, das bis
ins zimmer fiel aufs bett

ins tiefe atem-holen:
das neue objekt. über der tür
hing die transistorkiste – nur
zwei sender, paar befehle täglich &

das knacken im blech. unser schlaflied:
»spaniens himmel breitet seine sterne«
hieß achtung, ohren
sind schon in der ferne. & dann:

»das hörspiel zur nacht«. wir vier
soldaten lagen da
& lauschten wie verschwunden in der finsternis
& eingebunden in den traum

der drei, die gingen, gingen & gingen
durch diese stadt, die unerreichbar war

tulpen

du musst jetzt ihre lieblings-tulpen du
musst nun auch die letzten lila violetten vor
dem fenster mach
jetzt brich den tulpen das genick damit
sie in den abfall eimer passen welchen
eimer? das

ist der eimer unterm becken mit
den spritzen & kompressen tulpen brechen
(überm becken) hier im bad (sie hatte hier
ihr eignes bad) du musst
jetzt ihre lieblings-tulpen auch
die letzten hier das ist

der nasse strauß im becken mit
den lila violetten halten was zu halten
ist mit deinen nassen händen nie zuvor
so nah denkt ihr noch nach zusammen
tulpen & gedanken soll
ich die tulpen brechen? ja.

Eva Margareta B. (1944-2015) gewidmet

trockenbodenträume

im halblicht, oben, das
sind so trockenbodenträume, wo
die nassen hemden gefriern
zu holzfällern ohne gesicht.
unter dem haus warten die ruder
sauber verstaut. gute ruder &
für ein paar schritte ist etwas
wie durch werkstattfenster blinzeln

im vorüberziehn. reiner segen sind
die halb vergessnen gleise
zwischen orten, die im astwerk liegen
mit gestrüpp verwachsne weichen &
ein abzweig richtung maglehem, vorbei
an everöd & olseröd bis an

den zärtlichen altar: ich sah
das umgestülpte ruderboot auf seinem platz
hinter den beeten. wo die verlorne ruhe wohnt
am kiel, wenn unser blick ganz langsam sanft
wird in der linie & unfassbar still. ålbukten åhus –
ein grill, die campingstühle. auf jedem
versiegelten bunker sitzen ein paar sieger

& wir. serviert wird fisch, geräuchert &
vodka *absolut*. der beton ist eis an unsren füßen.
zwei rottweiler fressen im schnee, die kiefer
senkt ihr astwerk & beginnt zu graben.
& das haus (das holz) ist schwedisch rot
wo die augen ausruhn & der tod nur so

weil jetzt nichts drängt, nichts
droht: alles ist weit, zum sehen frei
gegeben.
einmal im leben

nichts geschieht

nichts geschieht hier ohne dich.
der wald kann warten
hinterm haus.
am abend kommen tiere
steif aus der vergangenheit
& küssen das fenster im bad.
aus der kindheit tauchen tauben auf
& wollen reden.
warm, vereinzelt, zögerlich
beginnt das nächste beben

ein paar freunde

ein paar bäume waren schwach geworden
& begannen mit ihrer verbeugung.
manche wurden noch gestützt & manche
eine zeitlang weiter getragen
richtung haus, um das der wald
sich langsam schließt in diesen tagen.

wann füttern wir jemals die einsamkeit richtig?
nur mutter bleibt bei uns, die hände im teig
& vater schüttet das gute hinzu, nach & nach, nach
möglichkeit: wir wachsen, doch das backen
höret nimmer auf
in der kleinen stube.

nachts träumte ich vom tod & tags
gingen die dinge weiter ihren gang
langsam bis hart
ans verschwinden

laweder lavendel

»Und das Ende des mechanischen Zeitalters«, sagte ich, »ist das auch eine Metapher?«
»Das Ende des mechanischen Zeitalters«, sagte Mrs. Davis, »ist nach meinem Dafürhalten eine Gegebenheit, die danach drängt, zur Metapher zu werden. Man sollte ihm Glück wünschen, vielleicht.«
Donald Barthelme,
Am Ende des mechanischen Zeitalters

laweder lavendel

damals, ja:
die kindheit wohnte in den bäumen, im geäst
& auch du warst wie ein tier
am abend, zufrieden
mit deinem gesang. so lang
bis dich die welt vergaß.

für deine liebsten wünsche war das die gelegenheit
ins meer zurückzugleiten. der lavendel
wurde lawede, flöhe, fliegen & millionen-
faches flüstern stiegen
aus dem sand.

laweder lavendel – zum beispiel. so kostbar wie
die unverbrauchte glut der tage, die
ungelösten fragen

alte sterndreherweise

es ist das bloße gehen
& wie es dich versteht. du bist
den schritten abgelauscht, den wurzeln
nachgedichtet & das laub

vor deinen füßen ist
mit lobeshymnen angestaut –
kindheitstauben wie geträumt
tauchen in den bäumen auf; du bist

im gehen schon zu haus:
ein kaltes ohr im wispern &
das drehmoment der fernsten
sterne auf der haut

sitzen, trinken

sitzen, trinken
nicht die bilder zu vermehren ...

sitzen, trinken
am tisch in der küche, der boden
aus stein, mosaiken &
    die kalten rezepte: *am eisen*
    liegt die müdigkeit
    am silber fällt das fieber ... du wusstest
schon alles, doch behieltst es für dich –

sitzen, trinken, im gespräch
mit fanatischen bäumen, mit skizzen
von regen begannst du dich langsam
aus der mitschrift zu lösen ... trinken

sitzen, schon im februar
war etwas in den knochen
& etwas in der brust, das astwerk
vor dem fenster wurde enger, das klopfen

des kleibers, fast bis ans herz; nur bestimmte
geräusche waren noch worte – die stimme
(im abfluss) zwischen den zimmern
der wind & sein höhnisches pfeifen ... oder was

auch immer dich verwarf, so nackt
    auf deinem weg
durch den flur in der nacht, die nacht

hat dich immer verachtet: trinken, sitzen
   mit narben, die
wie hahnenkämme lauschen, so
geht das wegtaumeln der tage ... sitzen

trinken am tisch in der küche, das ist
dein platz, da ist
das messer, extrascharf, der schleifstein, das fach
mit der brille, die schachtel
mit den konsum-marken, impfausweisen, svk –
das mitgliedsbuch, das blindengeld, die augensalbe, da
ist geruch von pfefferminze
& bonbonpapier in allen ritzen, das:

heißt trinken, sitzen. noch
im frühjahr alle fenster frisch gestrichen (der pinsel
aus stein), den pfirsich
      beflüstert, den wein
am giebel, rechts der elbe, sonnenseite, nutzland-

rauschen, trinken, sitzen &
immer ein paar scheite
unterm ofen, deputat
für waldarbeiterinnen. am abend zur belohnung
minzen-trost auf deiner zunge – das

heißt blinzeln, sitzen ... mit
jedem schritt entfällt dir deine reise, das sanfte
kreiseln, schwingen der hüften
von zimmer zu zimmer, die arme
erhoben, nach oben gerissen wie im sog
eines sinkenden schiffes

trinken, sitzen. jetzt
    beugst du dich vor, alte frau
& alles wird winzig, verschwimmt
& verschwindet & oben scharren die tauben
ihren fluchtplan in den dreck ... lass fliegen

bleib sitzen. die mäuse fressen die tapeten
die hühner schlucken
die kiesel der nacht
& die mit gänsehaut verklebten schlüssellöcher
(blicken dich an) (schauen dir nach)

sitzen, trinken
gehen & vergessen im wandernden flickwerk des lichts
    gehen & gehen

Erna Alixe Torno (1914-2006) gewidmet

kommst du zurück

kommst du zurück, frag ich ins ofenloch …
das erloschene scheit, figuren
aus schlacke, geschichten

so kostbar wie nägel, aus uraltem holz
geschmolzene nägel … alles
muss erfunden werden.

ein traum & ein hund
gehn die gleise entlang
in gedanken, dann kommt ein dorf
so fängt es an: das schaben

im schornstein, die pilze der atmung & wie du
in deinen strophen hockst, schon halb
bemoost in deiner toten
versfabrik am ofen.

ja, ist viel zu finster hier.
das licht verdirbt die augen
das *e* schlägt ganz schwach an

den nicht vorhandenen sommer

schon nach dem abendbrot

schon nach dem abendbrot senkt sich
sein kopf zur brust, er träumt
& sucht nach halteweiden: ein ufer
für gedanken, die sich still
ins strömen neigen. da ziehn auch stumpen
wurzelstöcke sanft vorbei, da ist

das flaschenbier, das mozart spielte
im bassin, das warten
der asche vom vortag im kasten, die nester
der wespen: er wusste
etwas über den hebel & alte gewinde & wie
man sie löst, wenn eine längst vergessne

zeit dagegen hält. sein schlüssel läutete
im saum bei jedem schritt
gedanken-stapfen in der luft & wäschedrähte
zum zerreißen gespannt –

achaemenides

was soll ich sagen? odysseus, der vielredende ...
der schwätzer gab mich preis, da ich selbst schwach
in einem winkel dieser grotten finsternis gelegen, ach –

polyphemos hingegen: schon als zyklop zu groß.
es hieß, er sei der sprössling einer nymphe ...
hieß, er käm aus kaukasus, er käme
aus dem clan der schmiede, handwerker des zeus, die
blitze unterm hammer, die sonne auf der stirn
wie eingeritzt, es hieß, er sei poseidons sohn, es
hieß & hieß – doch ich erfuhr:

die güte blinder riesen: gerissen
nicht in stücke, noch zerquetscht
oder gefressen. dafür ziegenmilch & käse ...
zart mit siziliens klarem meeres wasser
spülte ich das blut aus seiner stirn. ich legte
zart auch kalte algen auf
den grund der hohlen wunde & – er schrie. ich sprach
in todesangst & wie

von selbst von bergen, bäumen, ich verlas
mit landungszungen
jedes sandkorn, jeden strand, noch
der fische feinstes silberblitzen
tönte leis in meiner stimme mit & fand
sein wort: ich las
geschichten, widerhall von stummen vögeln
im gebüsch, die welt war schrift & ich
war ihre stimme ... nun

hinterlass ich euch auch diese sage
(er war zu groß, ich war zu klein)
& jede menge klippen von gedichten
die gestrandet sind an diesen küsten

nachdem ich deinen brief gelesen

nachdem ich deinen brief gelesen &
viel zeit damit verbracht
sah ich einen ikarus –

das licht im fahrgastraum war eingeschaltet, ich
sah einen kasten licht, der sich verhalten
neigend, doch behende über felder

schob durch die chaussee, ich
sah die silhouette
eines mannes, sanft erschüttert, pendelnd: o

gestalt des ikarus, so rein & überirdisch wie
die schönheit noch im omnibus
der dämmerung entgegenstrebt

hortensie

hortensie heißt das kleine weiß
vor dem du zitterst. kleines weiß &
hortensie, geflüstert.

was du dir wünschtest, immer:
ein durchschimmerndes geld auf dem brett &
wenn die rede geht von regen, soll

es regnen, auch das wasser, auch das nasse
im nacken & das horn, das durch den regen zieht
mit seinem spiel; es zieht

am gleis entlang & ruft
die stimmen, stimmen in schwaden, lawinen
herunter geweht von den robinien, die ganze
last des gelingens … ach.

ach lass. aus deinem schatten wächst
ein ast, ein pfeifen
hält im dunkel an
dein bein wie tot im gras …

du bist dir selbst nicht zugesprochen
fremd im eignen schlaf

schweizer söldner in der fremde

anfang des gedichts

eines abends, winter neunzehnhundertneunzig, plötzlich:
das lichtzelt war gelandet –
es leuchtete über dem acker, es wärmte, war gold
farbe der nabis, ein raumschiff & ich, eines abends

die stille war einzeln wie mit fäden an
die schläfen gebunden; rundum lag schnee
& die chaussee vom hafen über die insel, so weit

man sehen konnte: unbeschriebenes papier
bleich von erwartung, zitternd
& eine stelle, die hieß:
»ich kann. deinen ton. übernehmen«

Ulrich Zieger gewidmet

im haus des ersten kammerdieners

hinter dem lesezimmer
lag das sterbezimmer, dahinter
der park mit den narzissen, die sich
auf gedämpften zuruf vermehrten;
nichts über das stück.
die addition der religionen, geteilt
durch handelnde personen. alles
sehr still. die blickachsen
verwachsen & die steine
älter als der garten; das knirschen
im kies, ein kolkrabe grüßt ...

wer das hier sieht, ist erlöst –
das war es, was ich damals dachte.
wolfenbüttel, ja!
aber auch ein halber tagmond über braunschweig
zeigte flagge

nostalgia

seltsam ist, wie meine schiffsgedanken
immer noch auf kiefernrinde reisen. massenweise
gute schiffe kannten wir, schaluppen, barken
dampfer, die nach basra, kappadokien oder
bis nach hinterindien gingen – »dort
gibt es gute rinde« hieß einmal das zauberwort.

jede reise fein geschnitzt. zuerst die narben
glätten, dann den rumpf
bedächtig angespitzt. du musst dann immer weiter
schaben bis die borke rot & alle linien
lesbar sind: der wald war voller handwerk, guter
taschenmesser. aus riesa kam die reling, weißes

holz mit schwefel auf den köpfen. ohne zögern
eingetaucht in duosan-rapid & dann die tiefen
atemzüge: du – o – san. hieß kleben
ohne fäden & das segel aus papier, vorbild
hannes hegen; massenweise gute schiffe
hatten wir, die bis nach hinterindien gingen –

& marine-käfer überall, angeheuert in den wiesen
hinterm haus. manche wollten
immer weg & manche saßen dann nur da
stundenlang im segel oder unter deck
wie schweizer söldner in der fremde

in caisleán ghriaire

in gälisch caisleán ghriaire auf
meinem pfad zum strand
vorbei an jenem garten der

mit lang vergangnem schrecken
rauschte ... dort
fand ich diese feder für

die ich mich bedanke: sie
lag so da ein funken stahl iridium
von rindern platt getreten.

ein kleiner huf war eingeritzt & schrift:
»*Good Luck* by E.S. Perry England«

irisches tagebuch

ich lag oben im haus & erinnerte mich.
nach sonnenaufgang trug der junge
von maurice fitzgerald's coffee shop
seine pappkameraden zur straße –

einer von ihnen (fischer vielleicht)
mit hosenträgern & in stiefeln an
den schäften umgeschlagen
hielt eine kleine weiße kanne in
der hand. etwas kurzes abgebrochnes
ging von seinen fingern aus. er schaute
mich an & unendlich

strömte kaffee auf die straße. die kinder
spielten im gras alle schnecken
hatten namen angenommen. am abend
stapfte das vieh von castlegregory
am ufer entlang – halb im wasser halb
im sand & eine great black-backed gull
rief den himmel an. maurice fitzgerald's

coffee shop hatte drei pappkameraden. zwei
blickten richtung connor pass
& einer richtung tralee

passepartout menaggio

ja, ich wollte beichten, aber
etwas summte in der zunge wie von stumm
gestellten telefonen. das leben hier: es gleicht

dem knirschenden der käfer am
grund der sakristei. dem hinkenden der hunde
zu den mittagsstunden. bergab
der matte glanz des fleischwolfs durch
ein seitenfenster, grand hotel – mühsam
die notizen ...

bis ambrosius kam –
& kam auf der egge geritten
& hob die stimme über como, hob
die abgebrochnen aquädukte auf, er hob
die schwarzen augenbrauen ...

anruf genügt, wie man so sagt –
oder früher gesagt hat. & ja, ich wollte beichten, doch
meine zunge wurde süß & summte.
am kahlen grund die käfer, hunde
& weit oben, über mir

begann das große fressen
der ambivalenzen in den zypressen

hausen

so sind sie: nah & ähnlich. orte
stehen an den straßen ohne anschluss da –
abwesend, verlassen oder nur
wie angelehnt

mit schrägdach, pappe, wellasbest – wie du
im denken mit den resten, trümmern
& fragmenten, schon zu lange auf das gute
abgeklopft mit groben händen: als

ob sprichworte noch reifen müssten
auf einer schweren zunge, von
ihrem sprecher weit entfernt; du spürst

das atmen an den unterseiten, wind
der sich die aussaat legt
& jeder raum ist völlig abgeschnitten
von dem, was in dir weiter geht

woher kommt das stumme

woher kommt das stumme bemühen
am abend in der küche, dass
die schale nicht bricht beim schälen der frucht?
du sagtest: vielleicht, weil ich schon schlafe.

du sagtest: eine zeitlang, ein paar jahre
liegt über jedem vergleich
dieselbe ruderschaft in den riemen.
welche ufer ziehen dann vorüber & wie
zum beispiel wären

die bloß fächelnden (für sich)
von den winkenden (für dich)
zu unterscheiden?
& was bedeutet dann noch meuterei?
wie gesagt: ich weiß es nicht, ich treibe

auf des schlafes leichter barke
ein paar jahre ohne grund
vorbei

rykestraße

jetzt hat die sonne eine ecke
über die sie in die küche kommt –
zwei tassen, gestapelt, das wache
bild der ordnung tritt hervor, doch nur

wenn ich ganz ruhig bin
& ausgeschlafen. man müsste
alles besser machen.
wie das goldkind der mutter
frisch übers herz streicht, die frisch

verschnittenen nägel vorzeigt ...
wer will, darf kostproben des unglücks geben
in der eigenen stimme

9. März 1992

> »Sie sagen: Ich will in der Klinik schlafen,
> das Zimmer ist immer noch voll von runden Tieren...«
> Yann Andréa, M.D.

trouville & du

trouville & ich sagte
das langsamste französisch der welt
wird auf einem parkplatz gesprochen, nicht weit
vom casino. du sagtest

auf dieser küste existieren die schafe
aus eigener kraft; ich sagte
wir könnten gemeinsam versuchen
irgendwohin zu gelangen, zum beispiel le havre.
du sagtest: das rauschen sei *wie
aus den dünen gestrichen*, das meer
hätte gar nichts begriffen; ich sagte: ja
wer alles haben will
bekommt am ende alles
aber dann ist es zu spät.

da wir uns einig waren, entstanden
erinnerungen & zogen
wie große hungrige tiere
neben uns her; einige blieben

gleich unten am strand – nur dort
war das gehen einfach & schön
auf diesen planken im sand

fußgesänge, plattenwege

fußgesänge, plattenwege ... ewig
ist die fackel über leuna, auch
die pappeln sind noch da
& die leer geschossnen trichterlampen
aus denen mir das schreiben in
den kopf gerieselt war: ich ging

& ließ mich nochmals treiben;
aufdämmernde scherenschnitte
scheinbrücken der erinnerung
an einem fluss mit namen saale;
im bunkerkino *fame*, geschichte
aus amerika, sonntags für alle gefreiten

ohne ausgang, drittes diensthalbjahr –
»bald ziehn wir zu neuem kampf«, doch erst
als ich auf posten stand (baracke altes
maskenlager, tor zum technikpark)
sah ich ganz oben jenen vogel, der nicht weiß

wie das verblassen geht, wenn dieser tag
mit uns zu ende ist & etwas licht
noch unter seinem flügel steht

am ahnenapparat

»Aber der Haldengott
rührt seine dumpfeste Trommel …«
Paul Celan, *Totenhemd*

ortsdurchfahrt culmitzsch

bodenwellen, transmissionen … ich
erläuterte dem wind
(die lage) (das versteck)
ich suchte die abschrift meiner kammer
im schutt, in den bäumen, ich kam
durch den schlaf der nebengebäude
durch etwas von traumlosen stimmen betontes
    jemand hat unter wasser gelacht
    jemand ist durch die augen ertrunken o

metallischer klang, wenn wir im takt aufs eis
des löschteichs schlugen, zitterndes ufer
& nachkrieg der geräusche … so

fahren übers feld
so fahren in der bitternis
frisch gelöschter feuerstellen; ich

konnte euch hören, culmitzscher sprachen, ich
musste nur fahren, immer
fahrn, so bloßen schädels

durch die traumblasen der schläfer durch
das blütenmehl der luft, ich roch
    wie haselboden schmeckte
unterm küchenfenster & wie kurze kinderarme (ohne jacke)
rausstehn aus dem graben – »iss
langsam junge bitte man
kann nicht alles haben«, das
war nur faules holz, im efeu eingeschlafen …

ortsdurchfahrt culmitzsch: schläfengesang
    & zitterndes sagen – zur halbwertzeit addierten wir
die kranken tage, fahrn, so fahrn, noch tausend jahre
    in der windung dieser straße fahrn
& unsichtbare wesen treten näher, nah heran & scharrn
    uns ihre warmen schlacken
über die blitzenden scheitel der räder ... »ja

ich kann euch hören, hört ihr mich?«, doch da
warn keine stimmen, nur das herz
& sein veraltetes schlagen
gegen den eintritt des dunkels

am ahnenapparat

zuletzt den kirchturm abgerissen.
am bach, wo unser haus
gestanden (& die scheune & der schuppen mit
bäcker pensolds opel, halb aus holz)

ragt jetzt KP7 aus der tiefe – ein
schmales rohr mit klappe, totenkopf
& schrift: »wer angehörig ist
(ersten oder zweiten grades)

darf den deckel heben«; still
& sehr verlegen sind
meine ahnen in der erde
wenn sie in den himmel blinzeln

als kind

als kind hast du es bald entdeckt: das gute
schmeckt oft nach besteck, es hat
zu lang im schrank gelegen: silber
& das fein verzierte tellergold & die
terrine & das zarte bowleglas aus beuthen, heute
bytom, nähe katowice; auch
die fotos oberhalb dieser vitrine
hatten den geschmack; geschmack
wie tante nelly, bibelfest, die sagte:
»beide diktaturen, neulich verschwunden«

als das jahrhundert überstanden, als

die geschichte gebannt schien, im grunde verloren
& das verlorene in seinem umriss
kindlich zu wackeln begann *eischentlich hamm*

merr immer eischne erdäppel gehobt
& einen traktor-eigenbau mit wanderer-maschine
    anhänger &
übergroßen rädern. auf diesem thron aus stahl
& kampf-erfahrung (kopenhagen, stalingrad)
hat mein großvater gesessen & daneben
ist mein vater hergegangen & dahinter
karli, marga, edgar, rex & ilse, meine großmutter
& die schwarze monika … ich hatte

den werkkittel an (im schulfach »werken«, klasse 4
bekam jeder seinen eigenen kittel), das namensetikett
war aufgebügelt über der brust, es begann
sich langsam abzulösen …

was soll man sagen? das ohr
steckt fest im saum, von irgendwo
ein rauschen: erdäppel, werkkittel & etikett, nur aufgebügelt.
alles entfernt sich & wird unverständlich, am ende
sogar der eigene name

vor allem der eigene name

die schwarze monika

unten war das fischgeschäft & oben
wohnte noch die schwarze monika, sonntags
mit der goldenen rose auf dem pullover; ihr werk

waren rhomben und ovale, zwanzig stück
    trauerlupinen, locker
im kranz, ich folgte spiralen, nach innen
    gesprungen, gedreht & verstrickt

mit winziger schrift, ein augen-verhängnis
richtung unendlich ... sie war
meine schwester. sie hatte
das zimmer zur straße richtung zwirtzschen –
    langsam, knirschend
ruckten die körper der halden
ans fenster heran; davor die laterne, in ihrem

klapprigen schädel schliefen die vögel
    oder riefen uns an:
nun seid ihr herunter gebetet ihr dörfler geknetet
bis aufs knöchelchen so nackt nun schaut
einmal wie kindergräber liegen
noch haufen von schnee hinterm haus & im nacken
    schon wie angestaut
finsternis von blauen laugen warmer
schlamm im absetzbecken pflaumen
die leuchten im eingeweckten ... schluss jetzt

gute nacht, rief dann die schwarze monika; manchmal
kam ein mann & legte mir die hand aufs haar

manchmal kam ein mann
mit süßigkeiten, eines dieser sakkos mit bonbons
hatte mich für sich entdeckt, doch ich
wollte nur *schbielen* – mit der schwarzen monika:

im zimmer an der wand
stand ihre strickmaschine, gehüllt in ölpapier, das war
ein kleines, in lappen gewickeltes pferd
das mit mir sprach
am abend … pferdeatem, winterschlaf & ich

wie eingenäht in ihre unsichtbare vormundschaft:
die schwarze monika; sie ging
wie von sich selbst beschattet, ging
mit kopfschmerzschritten durch die nacht
(als wären häute in den türen)
(immer leiser die musik)

*

madame marie curie hat rohe
kalbsleber empfohlen
bevor sie selbst zerfiel & starb.

sie wusste gar nicht, wie es ist
wenn noch die toten leuchten mit
kruzifixen, puppenaugen

leuchtend sind wie weicher mond – spürst du
die ziffern auf der zunge, das ticken im grab?
»jetzt schlaf gut, mein junge«

den Zifferblattmalerinnen von New Jersey gewidmet

der junge, das lied

der junge, er zieht
ein schweres, ein erdiges tier
er zieht es im frost
über die felder, die hufe

verklemmt, der acker, das ist
gefrorene schrift, der acker, das
sind tausend zeilen stahl, das tier
unter dampf, dampfende hufe
im licht & ein, ich sah

geschundenes gehen steckte fest
in den stapfen, geschundenes
gehen, gestaucht & über
den schatten gestoßen, gestaucht …
bis mir klamm war am tisch
& es begann

das feucht an den scheiten, das
schwer an den füßen, das aus
der schulter gehangene lied –

Gerhard Seiler (1917-1981) gewidmet

hof mit mond

hof mit mond & schwalben –
das war einmal dein abend.
die zeitung, sauber, zu kleinen
quadraten gerissen & gepfählt

auf einem nagel in der wand.
daneben das loch, von spinnen bewohnt.
hof mit mond & angst
vor etwas, das von dort, von

unten aus dem dunkel kommt, kalt
in deinen anus.
hof mit mond: du öffnest dich
das hoftor schlägt, du

gibst dich ab & die geräusche
sind wie haare, tief
verwurzelt in der haut. hof mit mond
& schwalben, müde

bei dir selbst verkrochen
fliegst du mit
ins lehmherz unterm balken

am grunde eines hochgefühls

am grunde eines hochgefühls
in seinen weiten niederungen
hast du so gut wie nichts erreicht.

auf deinen kopf sind stimmen angesetzt
die stehn so steif wie ausgestopfte
mützen in die luft. schau dich nur um:

da ist dein schatten, kindlich
grob ins laub geritzt, da ist
etwas wie fernes rufen

deines namens, aber du
bist nicht gemeint

für alle & jeden

für alle & jeden

letzte nacht der traum
vom abgeschraubten mond.
wie er bronze-glühend beiseite zog
und plötzlich der rost, das öl
die bolzen & die bohrungen
    & dann
die ganze alte halterung
für alle & jeden sichtbar war

nur zwei kragenbinden

ich hatte nur zwei kragenbinden
für einen grundwehrdienst.

war die erste eingeknöpft im kragen
meiner jacke mit
den geknickten schulterstücken
hab ich die zweite frisch gemacht – am abend

eingeseift bis zum erbleichen auf dem flachen
terrakotta-rand am becken in
den toiletten von baracke nummer sechs
gebürstet & in form gebracht.

draußen auf dem korridor der dritten
hundertschaft erschallte schon der schlaf-befehl
des uvd zwei pfiffe dumpfe rufe ich
war allein ich
nahm viel seife & das licht

erlosch in der baracke als ich sah
dass mir ein unbekannter blutweg eine
riesige aorta in die hand gewachsen war – ganz
ohne wir & du nur mir
verzweigt bis in die fingerspitzen: meine

handwaschbürste stürzte steil
ins becken die
neue bindung stieg so fort
als schmerz in meinen schädel & sie wuchs
mir aus den augen als
ein licht von a *(du musst)* bis z *(ertragen)*

das die toten lockte. ich hatte eine ader
für die toten doch
die meisten musste ich erschlagen – an
den armaturen oder
ersticken im klosett.

ob traum ob sucht
oder schon sage: ich stellte nie die frage.
einmal war ich ihre tränke
ihr likör für eine nacht … ich hatte

nur zwei kragenbinden
für einen grundwehrdienst

29. märz 2020

erst den teller fertig machen dann
das küchenfenster fest verschließen & hernach
den topf abgießen –

dampf dampf dampf
dampf der welt & untergang

vaduz

schneesturm um halb drei, ein feines
reißen in der brust; ich atme ein, ganz
flach, ganz hinten im schlaf

hat einer gelacht: vaduz
heißt frost am fenster, ein frierender pfad –
schön, wie die etagen in den häusern

ruhig bleiben, mehr privat & sieh
jetzt steht dort auch ein mensch (wie du, so blass)
& lächelt durch die scheiben.

lächelt & löscht nicht das licht. lauscht nur
wie die sensen gehn im schnee
hinter den gleisen, wie

die busse fahrn mit biogas, wie galgen
stehn auf tiefgaragen, tief
bis ins gebiss, vaduz! ich atme aus, das ist

ein stechen, reißen, schneiden, ach
ich bin an harten mündern aufgewacht
& schau hinaus ins schwadentreiben.

gibt es das leben als eigentum?
ja, auf wolkenbanken

zungenabgabe

es war der 18. september, vollmond & wahltag zugleich. vor allem war es das kreisen der kleinen propellermaschine, die meinen schädel umfing, der nahe gelegene feldflugplatz. dazu die müdigkeit in den augen, das nachlassen im blick, nicht schlimm. schlimm war nur, dass ich meine zunge im mund zu schmecken begann. wahrscheinlich wieder zu viel geredet, dachte ich, zu viel gesprochen wieder beim schreiben, jede zeile, tausendfach, anders vermochte ich es eben nicht. zwischen zwei kiefern tauchte der gute alte medizinmann auf. er berührte meine stirn und sagte …

es war hopi-sprache. meine zunge lockerte sich. mit zwei fingern zog ich sie vorsichtig ans licht. draußen war es ein viel größeres stück fleisch als im mund und auch nicht so zart wie gedacht. »die zunge ist das beste«, hatte meine mutter mir einmal beim schlachtfest zugerufen. der hopi-mann nickte nur ein wenig, als er sie entgegennahm. ich sah ihm jetzt zu und beruhigte mich. ich staunte darüber, wie gut der hohle raum sich machte in meinem schädel, wie rasch er sich füllte, gleich von den stimmbändern her. wir schrieben den 18. september, wahltag und vollmond zugleich.

auf sendung

du siehst wie kiefern richtung himmel immer
dünnhäutiger werden &
sich schälen in den spitzen, roh sind, wund
im grunde unberührbar. du

siehst wie kiefern in den kronen glühen
wie dioden blinder riesen in der abendsonne. du
siehst & lauschst den widerständen, ihrem
abknistern, den liedern, diesem
radio von ast zu ast

& für sekunden
wird sie ausgestrahlt: die sendung
vom innersten zimmer

unten auf der treppe

unten auf der treppe im gehäuse
steht ein mann, der stirbt.
wer ist der mann

der stirbt & sein gebet, das steigt
& sich verdreht im ton
von tür zu tür

mehr wie ein kratzen, scharren klingt
von tieren im vorüberziehn? lange, lange
atmet seine klage, bis

der himmel endlich
antwort gibt: »man wird
ja nicht fertig damit.«

beugst du dich vor
verschwinden die schritte
& abends beim waschen

zwischen den fingern
erwacht eine dritte
(verwesende) (hand)

land's end

ich bin jetzt bei der lizardfrau
zu haus. ich hab am aschfalter
gerochen & die tiefe
luft geschöpft im frisch getünchten
kellergang. bei jeder kälte, jeden morgen
schaufle ich die nasse kohle
in den schwerkraftofen: hier

bin ich verantwortlich. ich steh früh auf
& schreibe viel am küchentisch:
»zeitformen, das sind« (seltsam, aber klar)
»rhythmisierte einzelpersonen« oder »vom wind
gestapelt: dunkle balken überm meer« – & wahr
ist auch, ich hab zu lange leer-geschaut
ohne eigene quartiere, unbehaust.

ob noch kanal oder schon atlantik –
seltsam, wie das wasser anschlägt
& zurückgewiesen wird am strand
von gneis, granit & ginster: ich
prüf die haltekraft der stimme im gelände
wispern aller moleküle
choreographie der tiefen atemzüge …

seit gestern landen ganze völker
grüner schmetterlinge an. was die lizardmöwe
bestens kann: den schmalen körper sauber
rauszubeißen – tausend flügel treiben, feinstes
birkenblinzeln übern sand & laub
von toten flatterfreunden rund um meine schritte …

rund um meine schritte ist
auch das gehen nachgewachsen –
raum & schneisen tauchen auf
gehärtet, fast gehörlos, schaukelnd
nehm ich täglich meinen klippenpfad
in den kreis der neunzehn mädchen

aus serpentin & schlangenstein. ich leb
du weißt, von winzigen notizen:
ein morgen ohne kutter
ein handrennen vor glück
was vater war & ich
ein kutter war ein kutter.

etwas ist hier nah genug
vor wiederausgießung der ferne –
wir sind uns entgangen
wir fliegen uns nach, was schmerzt
ist die kurzschrittigkeit meiner knochen
im schlaf. der lizardhund fängt jede täuschung
mit den zähnen.

so steil ist es am ende.
vom kliff aus schaun zwei kreuze
weit hinaus
eines für »Teddy« & eines für »DAD«
& »Jonny for Gilly« steht mit kinderschrift
auf fels geschrieben.
dahinter verlassen die schiffe europa.

ich bin jetzt der letzte deutsche hier
in engelland. neulich traf ich
diese bank, in housel bay, im sand, da hab

ich in den raum gesungen, bast
von steinen hat geklungen, muschel-rucken
unter wasser, weißes fleisch auf schwarzem stein
(kleiner hüte welten-wandern)
& gerüchte zogen in mich ein

von weit: es heißt, im licht des leuchtturms
drehen immer ein paar kinderstimmen mit –
du spürst, wie animalisch altern ist.
ein letztes mal kommt ostern, ein
letztes mal die hand vor augen & gerettet ist
die finsternis. die körper werden später übergeben

mit diogenes-laternen

tage-läuten, tage-pfeifen

tage-läuten, tage-pfeifen –
da ist das schauen angebracht;
du atmest ein, das bild vertieft
die mulde vor dem mund. der atem

schwer, der stoff vertieft
bis ins gebiss: »man sieht
nur was vorüberzieht.« heißt
bleiben, stottern, weiterschreiben

zuerst siehst du die blätter

zuerst siehst du die blätter, die vollkommen
unverständlich winken mit
ihren bleichen innenseiten. jeder baum

spielt jetzt den clown mit tausend
ungelenken händen. dann
der sturm; er wiegelt gleich das ganze

nasse astwerk auf, das knochensteif & übertrieben
unlesbare zeichen sendet. es ist ein langes
lang gezognes kichern wie

von kinderstimmen hinterm haus
wenn alles endet

Anmerkungen

das war der knochenpark, sagt a.
Seit 1930 wird der Friedhof von St. Trinitatis in Gera als Park genutzt. Seitdem wechselte mehrfach der Name dieses innerstädtischen Geländes (Friedrich-Ebert-Hain, Horst-Wessel-Hain, Park der Jugend), das von den Einheimischen bis heute nur »der Knochenpark« genannt wird.

mann in der mark
»Die schwarzen Augen des René Maria von Trotha« ist der Titel eines Essays von Lothar Müller (Neue Rundschau Heft 3/2001).

eintrag vierter februar
Der »Insel-Almanach auf das Jahr 1913« versammelt ein Kalendarium sowie Beiträge von Ricarda Huch, Hugo von Hofmannsthal, Rainer Maria Rilke und anderen. Abgeschlossen wird das Jahrbuch von der Ballade »Die Riesin« von Karl Vollmoeller, die den Untergang der Titanic als Märchen erzählt. In Vollmoellers Privatmythologie ist die ›Titanic‹ eine Riesin, der zum Verhängnis wurde, *sehen* zu wollen, aber schließlich »blind wie alle Meeresgeschöpfe/ den Schutz der Tiefe für die Todeswunde« suchte.

signalstation arholma
»Natten är här« (»Die Nacht ist hier«) ist ein Erzählungsband des schwedischen Schriftstellers Eyvind Johnson (1900-1976). »Här har du ditt liv« (»Hier hast du dein Leben«) ist der Titel seiner Autobiografie.

abel, babel & cabel
Abel, Babel und Cabel sind Figuren aus dem Text »Das Gespräch der drei Gehenden« von Peter Weiss. Die drei Gehenden treffen auf einer Brücke zusammen und erzählen sich ihre Geschichten. Oft ist unklar, wer spricht. Die Szenerie erinnert an Gegenden der Stockholmer Innenstadt in den fünfziger Jahren. Schweden hatte Peter Weiss, der in Nowawes bei Potsdam geboren wurde, auf der Flucht vor den Nationalsozialisten Asyl gegeben, nach Kriegsende auch die Staatsbürgerschaft. Als Hörstück inszeniert für den Rundfunk wurde »Das Gespräch der drei Gehenden« von Roland H. Wiegenstein, Erstsendung am 26.10.1963.

trockenbodenträume
Die Küstenbunker bei Åhus gehörten zur Schonen-Linie (schwedisch: Skånelinjen), einer fünfhundert Kilometer langen Kette von Befestigungen entlang der Küste der südschwedischen Region Schonen, errichtet zum Schutz vor einer Invasion während des Zweiten Weltkriegs.

achaemenides
Achaemenides aus Ithaka: Gefährte des Odysseus im Kampf um Troja und einer der zwölf Männer, die Odysseus auswählt, mit ihm auf der Insel des Zyklopen Polyphemos zu landen. Bei der Flucht aus der Höhle des Zyklopen lässt Odysseus Achaemenides zurück – bei Vergil heißt es, die Gefährten hätten ihn vergessen –, sie »dachten nicht an mich«. Zuvor hatte Achaemenides geholfen, Polyphemos zu blenden (dem einäugigen Riesen im Schlaf einen Pfahl aus Olivenholz ins Auge zu rammen). Vgl. die Achaemenides-Episode in Vergils »Aeneis« und in Ovids »Metamorphosen«. Bei Homer, der die Zyklopengeschichte im 9. Gesang der »Odyssee« erzählt, wird Achaemenides nicht erwähnt.

passpartout menaggio
Der heilige Ambrosius gilt als Schutzpatron der Imker. Der Überlieferung nach soll sich in seiner Kindheit ein Bienenschwarm auf seinem Gesicht niedergelassen haben. Es heißt, die Bienen seien in den Mund des Kindes gekrochen und hätten es mit Honig genährt.

trouville & du
In »M.D.« schreibt Yann Andréa über die französische Schriftstellerin Marguerite Duras (1914-1996). Sein Bericht umfasst die Monate ihrer Alkoholvergiftung und der folgenden Entziehungskur.

ortsdurchfahrt culmitzsch
Culmitzsch war ein Dorf in Thüringen, zwei Kilometer östlich von Berga/Elster. Der Ort wurde Ende der sechziger Jahre für den Uranbergbau geschleift, die Bewohner wurden zwangsumgesiedelt, u.a. nach Gera, Seelingstädt und Greiz. Der Ort lag an einem kleinen Bach (der *Culmitzsch*) und besaß ein mittelalterliches Wasserschloss, zwei Mühlen, eine Schule und zwei große Teiche.

die schwarze monika
Über Jahre ließ die *U.S. Radium Corporation* in Orange/New Jersey die Zifferblätter von Armbanduhren, Kruzifixe und Puppenaugen mit Radiumfarbe bemalen. Im Ersten Weltkrieg trug jeder sechste amerikanische Soldat eine mithilfe von Radium leuchtende Armbanduhr. Die Ziffern waren handgemalt. Viele der Arbeiterinnen, die das Radium mit feinen Pinseln auftrugen, starben an akuter Anämie. Sie litten an schmerzhaften und verkrüppelnden Knochenkrankheiten und Rückenmarkschäden. Während eines jahrelangen Rechtsstreits erregte der Fall öffentliche Aufmerksamkeit – Ratschläge zur Behandlung der Zifferblattmalerinnen kamen aus

aller Welt, von Wunderheilern und Experten. Marie Curie empfahl den erkrankten Frauen, rohe Kalbsleber zu essen zur Bekämpfung ihrer Anämie. Sie selbst starb wenige Jahre später – die Anämie, die sie sich durch fortgesetzte Strahlenbelastung zugezogen hatte, erwies sich als tödlich.

nur zwei kragenbinden

Ich erinnere mich nicht mehr, wie viele Kragenbinden zur Ausrüstung eines einfachen Soldaten im Grundwehrdienst gehörten – sicher ist, dass immer zu wenig davon vorrätig waren. Die Kragenbinde der Nationalen Volksarmee war innen weiß und außen grau und hatte drei oder vier Knopflöcher zum Einknöpfen in den Kragen der Uniformjacke. Das Kommando »Kontrolle Kragenbinde!« war fester Bestandteil einer militärischen Prozedur namens Urlaubsappell: Vor Antritt ihres Heimaturlaubs wurde die gesamte Einheit noch einmal inspiziert, insbesondere auf Einhaltung der Hygiene- und Bekleidungsvorschriften. Nach »Kontrolle Kragenbinde!« hatte die zum Appell angetretene Hundertschaft eine Art Demutshaltung anzunehmen – mit einem auf die Brust gesenkten Kopf wurde dem kontrollierenden Vorgesetzten (der zwischen den in Ausgangsuniform und mit zwei Schritt Abstand angetretenen Reihen der Soldaten auf und ab patrouillierte) ein ungestörter Blick in den Nacken freigegeben. Einem Soldaten, der dabei mit verschmutzter oder beschriebener Kragenbinde ertappt wurde (vor allem mit fortgeschrittener Dienstzeit geschah es nicht selten, dass die Kragenbinde mit aufmüpfigen Sprüchen, Versen oder diversen Codes beschriftet wurde), konnte der Urlaubsantritt ohne Weiteres verweigert werden – Urlaub gab es nur zweimal im Halbjahr für wenige Tage. Die dabei übliche Redensart lautete: »Kleine Kühlung kann nicht schaden.« Dieser Ausdruck antizipierte, dass der Soldat die Kragenbinde auf der Stelle zu reinigen und noch feucht wieder in den Kragen einzuknöpfen

hatte. Zweimal im Jahr wehte eine große Zahl von Kragenbinden in den Bäumen – sie wurden von den Soldaten zu Ende ihrer Dienstzeit (entlassen wurde im Frühjahr und im Herbst) dort angenagelt, verziert mit der Gesamtzahl ihrer im Kasernengefängnis abgeleisteten Tage.
Vergleiche auch: Gottfried Benn, »Nur zwei Dinge«.

29. märz 2020
Ein Sonntag in der Pandemie, eine Woche nach Beginn des ersten Lockdowns.

unten auf der treppe
Gründliches Händewaschen: Hygiene-Regel in der Pandemie.

Die Übersetzungen der Motti stammen von Peter Handke (Ponge), Hanns Grössel (Tranströmer) und Marianne Frisch (Barthelme).

Inhalt

morgenrot & knochenaufgänge   7

ich hab dem vogel stimmen nachgesagt
ich hab dem vogel stimmen nachgesagt   11
waldstadion traktor langenberg   12
kindheit & weiter   13
WAS in der luft liegt, wird leise   14
in schreibschrift geschrieben   15
das war der knochenpark, sagt a.   16
bis die tiere starben, fraßen sie   17
herr klotz   18
prometheus als kind   19
technisches museum in berlin   20

im kieferngewölbe
hubertusweg   25
mann in der mark   26
der waldgang   28
als unser sprechen einmal diese frage   29
eintrag vierter februar   30
im kieferngewölbe   31
heimwärts, im regen   32
müssen wir riesen verhungern?   33
drüben stehen die robinien   36

sagagatan
    solna, sagagatan 39
    signalstation arholma 40
    abel, babel & cabel 42
    tulpen 43
    trockenbodenträume 44
    nichts geschieht 46
    ein paar freunde 47

laweder lavendel
    laweder lavendel 51
    alte sterndreherweise 52
    sitzen, trinken 53
    kommst du zurück 56
    schon nach dem abendbrot 57
    achaemenides 58
    nachdem ich deinen brief gelesen 60
    hortensie 61

schweizer söldner in der fremde
    anfang des gedichts 65
    im haus des ersten kammerdieners 66
    nostalgia 67
    in caisleán ghriaire 68
    irisches tagebuch 69
    passepartout menaggio 70
    hausen 71
    woher kommt das stumme 72
    rykestraße 73
    trouville & du 74
    fußgesänge, plattenwege 75

am ahnenapparat
    ortsdurchfahrt culmitzsch   79
    am ahnenapparat   81
    als kind   82
    als das jahrhundert überstanden, als   83
    die schwarze monika   84
    der junge, das lied   86
    hof mit mond   87
    am grunde eines hochgefühls   88

für alle & jeden
    für alle & jeden   91
    nur zwei kragenbinden   92
    29. märz 2020   94
    vaduz   95
    zungenabgabe   96
    auf sendung   97
    unten auf der treppe   98
    land's end   99
    tage-läuten, tage-pfeifen   102
    zuerst siehst du die blätter   103

    Anmerkungen   105